Todos los libros de Linkgua Ediciones cuentan con modelos de Inteligencia Artificial entrenados por hispanistas. Pregúntale al chat de tu libro lo que desees acerca de la obra o su autor/a.

Para **ebooks**: Accede a nuestro modelo de IA a través de este enlace.

Para **libros impresos**: Escanea el código QR de la portada con tu dispositivo móvil.

Obtén análisis detallados de nuestros libros, resúmenes, respuestas a tus preguntas y accede a nuestras ediciones críticas generativas para una experiencia de lectura más enriquecedora.
La transparencia y el respeto hacia la autoría de las fuentes utilizadas son distintivos básicos de nuestro proyecto. Por ello, las respuestas ofrecen, mediante un sistema de citas, las fuentes con las que han sido elaboradas.

Autores varios

Constitución de El Salvador de 1824

Barcelona 2024
Linkgua-ediciones.com

Créditos

Título original: Constituciones Fundacionales de El Salvador.

© 2024, Red ediciones S.L.

e-mail: info@linkgua-ediciones.com

Diseño de cubierta: Michel Mallard.

ISBN rústica ilustrada: 978-84-9816-144-1.
ISBN ebook: 978-84-9897-616-8.

Sumario

El Salvador. Acta de independencia de la provincia de San Salvador de 21 de septiembre de 1821

En el nombre de Dios Todopoderoso, Trino y Uno, con cuya divina invocación todo tiene buen principio, buenos medios y dichoso fin. En la ciudad del Salvador del Mundo, a las nueve y media de la noche de hoy, veintiuno de septiembre del año mil ochocientos veintiuno, primero de nuestra independencia y libertad, impuesto ya el señor Intendente Jefe Político accidental doctor don Pedro Barriere del acta sancionada en Guatemala, en quince del corriente, y circular a estas provincias, con acuerdo y a instancia de todas las autoridades que se reunieron para declarar, como efectivamente declararon en aquel memorable día la independencia del Gobierno español en los términos que se leen en dicha acta y en el manifiesto que con la propia fecha circuló el señor Jefe Político Superior don Gabino Gaínza, en que se enuncian los fundamentos y razones impulsivas que del modo más imperioso exigían tan alta resolución; de acuerdo el citado señor Intendente y el señor Alcalde Primero don Casimiro García Valdeavellano, dispusieron que en aquella hora concurrieran a este Ayuntamiento todos sus individuos, y se convocaron también a los jefes militares, al señor Cura Rector y Vicario, a los Prelados Regulares, a los vecinos principales de todas clases, y que se excitara a todo el vecindario, como se hizo por repiques de campanas, músicas y fuegos artificiales. Verificada la reunión, con numerosísimo pueblo, se le hizo entender la causa del regocijo, que también manifestó el suyo en medio de unos transportes inexplicables, con vivas, aclamaciones e infinidad de demostraciones, que explicaban, del modo más enérgico, los deseos que generalmente tenían todos de este señalado y venturoso acaecimiento, que fija la felicidad futura. En este estado se dispuso, como primer paso, conducirse todos a la Santa Iglesia Parroquial, a dar al Dios de las Misericordias las debidas gracias por tamaño beneficio. En el templo se dio principio leyéndose por el Coadjutor Br. don José Crisanto Salazar literalmente el acta expresada, como monumento sagrado de nuestra libertad; y concluido este acto, todo el concurso, postrado en tierra, dio adoración a Dios Sacramentado, se cantó con la mayor solemnidad el «Te Deum», y volviéndose el Ayuntamiento a las casas consistoriales, entre víctores y aclamaciones del numeroso pueblo que le seguía, a puerta abierta se repitió la lectura del acta citada. Enseguida, puesto en pie el señor Jefe Político, que preside el acto, exigió del señor Alcalde Primero (así lo pidió el pueblo) que le recibiera el juramento debido para poder funcionar, y en efecto, lo hizo solemne por Dios Nuestro Señor, la Santa Cruz y los Santos Evangelios, de guardar y hacer guardar la independencia, ser fiel a la Monarquía Americana y observar el Gobierno que se establezca y las leyes que se sancionen. Concluido este acto, en la forma de estilo se acordó que para mañana a las diez prestasen juramento los individuos de este Ayuntamiento, corporaciones, empleados y oficinistas, y que enseguida se publiquen por bando, con toda la pompa y solemnidad posibles, la referida acta y manifiesto circulados por el señor Jefe Político Superior, allanándose previamente, con el señor Coronel y Comandante de armas, el correspondiente auxilio: que se anuncie al público en dicho bando que para el día veintinueve del corriente se verificará con toda solemnidad que permita el corto tiempo intermedio, la publicación y proclamación correspondiente; y el día treinta se celebrará, también solemnemente, la misa de gracias, y se recibirá el juramento del pueblo; de todo lo cual quedó entendido, para tomar sus disposiciones, el señor Cura y Vicario doctor don José Ignacio Zaldaña, que a todo ha estado presente. Se permitió al pueblo, en desahogo del entusiasmado júbilo que no ha podido reprimir al ver conseguidos sus deseos, que continúe en sus regocijos con la honradez y moderación correspondientes a tan preciosa y deseada ocurrencia, y se dieron todas las providencias de precaución para conservar el buen orden. También quedó acordado que sirviendo este cuaderno por principio, se forme nuevo libro para extender las actas del Ayuntamiento Nacional en papel común, mientras se sanciona si, fuera de las materias judiciales, se ha de usar del papel sellado, por contener el actual signo de dependencia de la dominación española. Con lo que se concluyó este acta, que firmaron con su presidente los individuos de este Ayuntamiento: Pedro Barriere, Casimiro García Valdeavellano, José Ignacio Zaldaña, José Rosi, Milian Bustos, Gerónimo de Ajuria, Francisco del Duque, Santiago Rosi, Trinidad Estupinian, Juan Bautista de Otondo, Francisco Ignacio de Urrutia, Narciso Ortega. Por mandato del muy noble Ayuntamiento: Pedro Miguel López, Srio.

El Salvador. Constitución de 1824

Constitución de 1824
El Jefe del Estado me ha dirigido el decreto que sigue:

El Jefe Supremo del Estado del Salvador a todos los que las presentes vieren y entendieren, sabed: Que el Congreso constituyente del Estado ha decretado y sancionado la siguiente Constitución:

Nos, los representantes de los pueblos comprendidos en la Intendencia de S. Salvador y Alcaldía Mayor de Sonsonate, reunidos en Congreso constituyente, cumpliendo con los deseos de los mismos pueblos a virtud de los plenos poderes con que nos hallamos revestidos, y teniendo juntamente en consideración las bases constitucionales decretadas por la Asamblea Nacional Constituyente de la Federación: ordenamos y acordamos lo siguiente:

Capítulo I

Artículo 1. El Estado es y será siempre libre e independiente de España y de México y de cualquiera otra potencia o gobierno extranjero, y no será jamás el patrimonio de ninguna familia ni persona.

Artículo 2. Será uno de los Estados federados de la República del Centro de América.

Artículo 3. El Estado es libre, soberano e independiente en su interior administración y gobierno.

Artículo 4. El territorio del Estado se compone de los que antes comprendían la Intendencia de S. Salvador, y la Alcaldía Mayor de Sonsonate. Tiene por límites, al Oeste el río de Paz, la ensenada de Conchagua al Este, la provincia de Chiquimula y Honduras al Norte, y el mar pacífico al Sur.

Artículo 5. La Religión del Estado es la misma que la de la República, a saber: la C. A. R., con exclusión del ejercicio público de cualquiera otra.

Artículo 6. El territorio del Estado se dividirá en cuatro departamentos, a saber: el de S. Salvador, Sonsonate, S. Vicente y S. Miguel; arreglándose la demarcación de cada uno de ellos por ley particular.

Artículo 7. El Estado se denominará ESTADO DEL SALVADOR, conservando el departamento la antigua denominación de San Salvador.

Capítulo II. De los salvadoreños

Artículo 8. Todos los salvadoreños son hombres libres, y son igualmente ciudadanos en éste y los otros Estados de la Federación, con la edad y condiciones que establezca la Constitución general de la República.

Artículo 9. Si la República y el Estado protegen con leyes sabias y justas la libertad, la propiedad y la igualdad de todos los Salvadoreños, éstos deben:

1. Vivir sujetos a la Constitución y leyes del Estado y la general de la federación;

2. Respetar y obedecer las autoridades;

3. Contribuir con proporción de sus haberes a los gastos del Estado y federación para mantener la integridad, independencia y seguridad;

4. Servir y sostener la Patria, aun a consta de sus bienes y de su vida si fuere necesario.

Capítulo III. Del Gobierno

Artículo 10. El Gobierno del Estado, es popular representativo; y la felicidad de este en la Federación, es su principal objeto.

Artículo 11. El Supremo poder estará dividido por su Administración en Legislativo, Ejecutivo y Judicial.

Artículo 12. El Poder Legislativo corresponde al Congreso, el Ejecutivo al jefe del Estado, y el Judicial en las causas civiles y criminales a la Corte Superior de Justicia.

Artículo 13. El pueblo no puede ni por sí, ni por autoridad alguna, ser despojado de su Soberanía; ni podrá excederla sino únicamente en las elecciones primarias, y practicándolas conforme a las leyes. Mas tienen los salvadoreños el derecho de petición, y la libertad de imprenta para proponer medidas útiles, y censurar la conducta de los funcionarios públicos en el ejercicio de su cargo y el de velar sobre el cumplimiento de las leyes.

Capítulo IV. Del Congreso

Artículo 14. El Congreso del Estado se compondrá del número de Diputados que designen las legislaturas para las venideras, el que nunca podrá bajar de nueve, ni subir de veintiuno.

Las Legisturas se renovarán cada dos años, pudiendo ser reelegidos una vez sus individuos.

Artículo 15. Los Diputados deben tener las calidades que designen la Constitución federal y su nombramiento será en la forma que prescriba la misma Constitución.

Artículo 16. Por cada dos Diputados se nombrará un suplente para que sirvan en caso de impedimento grave o muerte de alguno de los propietarios, pudiendo reelegirse por solo una vez.

Artículo 17. Podrán ser nombrados Diputados los ciudadanos de otro Estado que reúnan las condiciones y las cualidades de la ley.

Artículo 18. Las sesiones comenzarán en cada año el día dos de enero, y los Diputados deberán hallarse en el lugar que se celebren aquellas el día 24 del mes anterior para las juntas preparatorias que deben preceder a las sesiones.

Artículo 19. El Congreso ordinario será de sesenta días, y de noventa lo más: volverá a reunirse en sus recesos si el Consejo directivo lo convocare para uno o más asuntos urgentes del Estado y no podrá tratar de otros en esta reunión.

Artículo 20. El lugar de las sesiones será el que señale el Congreso en las últimas de la legislatura que concluye y con precedente acuerdo del Consejo representativo.

Artículo 21. Para que haya Congreso se necesita por lo menos la reunión de las dos terceras partes de los Diputados.

Artículo 22. Un número menor de Diputados podrá compeler y apremiar a los demás a reunirse en el tiempo designado, ya sea para legislatura ordinaria, o para alguna extraordinaria que deba celebrarse a juicio del Consejo representativo.

Artículo 23. A la apertura del Congreso asistirá el jefe del Estado y hará o representará un discurso en el que proponga cuanto sea conveniente.

Artículo 24. Examinando y discutido un proyecto de ley, si la pluralidad absoluta lo aprobare, pasará al Consejo para la sanción y obtenida ésta se hará publicar.

Artículo 25. En caso de que el Consejo niegue la sanción, deberá dentro de seis días devolver el proyecto al Congreso con las razones o motivos que tenga para la negativa; y examinada ésta por el Congreso, si las dos terceras partes de él la desaprobasen, se tendrá por sancionada la ley y se publicará.

Artículo 26. La forma de que usará el Consejo para dar la sanción, será PASE AL JEFE DEL ESTADO, y la de cuando la niegue, VUELVA AL CONGRESO.

Artículo 27. La derogación de las leyes vigentes se hará por los mismos trámites que el establecimiento de las mismas: entendiendo que las que sean opuestas al sistema Republicano, e independiente del Estado, se dan desde luego por derogadas.

Artículo 28. Los Diputados serán inviolables por sus opiniones, y en ningún tiempo ni caso, ni ninguna autoridad podrán ser reconvenidos por ellas. En las causas criminales que contra ellos se intentaren, no podrán ser juzgados, sino por el Tribunal del Congreso en el modo y forma que prescriba el reglamento de su gobierno interior. Durante las sesiones y un mes después, los Diputados no podrán ser demandados civilmente ni ejecutados por deudas.

Artículo 29. Son atribuciones propias del Congreso:

1. Dictar las leyes del Estado, interpretar, alterar y derogar las establecidas;

2. Formar el Código Civil y Criminal;

3. Su reglamento interior y el de los otros poderes;

4. Aprobar los estatutos de otras corporaciones.

5. Dar las ordenanzas correspondientes a la milicia cívica y disciplinada;

6. Determinar la fuerza de línea que el Estado necesite con acuerdo del Congreso federal;

7. Levantar la fuerza armada en tiempo de guerra correspondiente al cupo que el Congreso federal designe;

8. Formar la estadística del Estado por medio de los jefes, municipalidades, y otros conductos que crea necesarios;

9. Decretar las contribuciones o impuestos para los gastos necesarios y el cupo del Estado con vista del presupuesto que indispensablemente debe haber y publicarse;

10. Aumentar o disminuir las contribuciones e impuestos según las exigencias del Estado y de la República;

11. Examinar la Constitución y las leyes de la Asamblea General, y dar su voto acerca de ellas, sujetándose al de la mayoría de los Estados;

12. Proceder de la misma suerte en las alteraciones o derogaciones de las expresadas leyes;

13. Erigir los establecimientos, corporaciones, tribunales inferiores, y demás que considere convenientes al mayor orden de justicia, economía, instrucción pública y otros ramos de administración;

14. Conceder premios a los súbditos del Estado, proporcionados a sus merecimientos;

15. Conmutar las penas de la ley, o perdonar los delitos cometidos y no contra las leyes de la federación, ni aquellas

cuyo cumplimiento esté al cuidado de las autoridades federales;

16. Detallar los sueldos de los funcionarios públicos, aumentarlos o disminuirlos según las circunstancias;

17. Aprobar los tratados que el jefe del Estado celebre con los otros de la federación;

18. Sentenciar en el caso de que algún Estado reclame de otro el haber traspasado los límites constitucionales;

19. Contraer deudas sobre el crédito del Estado y suministrar empréstitos en territorio de la República, en caso de absoluta necesidad;

20. Erigir la ciudad o pueblo que deba servir de residencia al Congreso, Consejo y gobierno, y variarlo en caso necesario;

21. Fijar los límites de los departamentos, partidos y pueblos como sea más convenientes para su mejor administración.

Capítulo V. Del Consejo representativo

Artículo 30. Habrá un Consejo compuesto de un representante por cada departamento elegido por sus respectivos pueblos.

Artículo 31. Los Consejeros han de ser ciudadanos naturales de la República con la edad y demás cualidades que ordene la Constitución federal.

Artículo 32. El Consejo durará tres años, y sus individuos podrán ser reelegidos una sola vez en seguidas.

Artículo 33. El Consejo celebrará diariamente sus sesiones en el tiempo de las del Congreso, y dos veces a la semana en el resto de año y en las ocasiones extraordinarias que el jefe del Estado le convoque.

Artículo 34. Son atribuciones del Consejo representativo:

1. Sancionar las leyes del Congreso del Estado, y lo hará en el término que señala el **Artículo** 26 de esta Constitución fundando su dictamen en caso de rehusar la sanción;

2. Prestar su anuencia para la derogación de la ley, de la misma suerte y en el mismo término que debe dar la sanción oyendo en uno y otro caso al jefe del Estado;

3. Consultado por el jefe del Estado sobre dudas que ofrezca alguna ley en los recesos del Congreso, resolverá la conveniente, y su resolución será ejecutada;

4. Aconsejar al jefe del Estado en los casos en que le consulte;

5. También dará dictamen en los negocios diplomáticos que ocurran entre el Gobierno del Estado y el federal, o con otro de los demás Estados, sin cuyo requisito no podrá el Congreso aprobarlos;

6. Poner en terna al jefe del Estado, el Comandante General o primer jefe militar del Estado, el Intendente, Tesorero,

o Ministro General de Hacienda Pública del Estado; los jefes primeros de departamento, y el Obispo;

7. Cuidar o velar sobre la conducta de los nombrados arriba, y declarar en su caso cuando ha lugar a la formación de la causa;

8. Nombrar Presidente de su seno, cuando el designado por la Constitución estuviere impedido;

9. Nombrar Secretario de fuera de su seno, al que podrá suspender de sus funciones; pero no remover sin conocimiento de causa;

10. Convocar al Congreso en los casos extraordinarios y leyes del Estado y dar cuenta a la legislatura de las infracciones que haya notado, o de que está informado.

Capítulo VI. Del Poder Ejecutivo y Jefe del Estado

Artículo 35. Este Supremo Poder reside en un jefe nombrado por el pueblo del Estado como determine la ley.

Artículo 36. En la elección del Jefe Supremo del Estado, se nombrará otro en la misma forma que le subrogue o supla en su falta por ausencia, enfermedad o muerte.

Ambos deben tener las mismas cualidades que los Consejeros.

Artículo 37. El Jefe Supremo le será únicamente por espacio de cuatro años; mas podrá ser reelegido en seguidas una sola vez.

Artículo 38. El Suplente del Supremo Jefe presidirá sin voto el Consejo, pero lo tendrá en caso de empate.

Artículo 39. No asistirá al Consejo, cuando éste delibere si ha lugar a formación de causa contra el Jefe Supremo.

Artículo 40. Las Atribuciones del Supremo Jefe son las siguientes:

1. Publicar la ley y hacer que se publique en el territorio del Estado dentro del término de un mes. La retardación de este acto por más tiempo lo hace responsable:

2. Ejecutar la ley, cuidar de su ejecución, orden público y del exacto cumplimiento de los funcionarios en sus respectivos cargos;

3. Nombrar los primeros Magistrados de que habla el **Artículo** 34 a propuesta del Senado, y nombrar también los subalternos a propuesta igual de sus jefes inmediatos;

4. Disponer de la fuerza armada del Estado, y usar de ella en su defensa en caso de invasión repentina dando cuenta inmediatamente a la legislatura del Estado para que éste lo haga al Congreso federal;

6. Formar reglamentos para el más fácil cumplimiento y ejecución de las leyes;

7. Nombrar enviados o Ministros diplomáticos del interior si fuere menester, consultando antes a la legislatura, y en su nombre recibir los de otros Estados, comunicándolo a la misma;

8. Nombrar interinamente a los empleados por falta de propietarios;

9. Convocar al Consejo en casos extraordinarios cuando necesitase consultarle.

Artículo 41. El Jefe Supremo tendrá y nombrará un Ministro General para el despacho de los negocios.

Artículo 42. El Secretario del Consejo suplirá en caso necesario por el Ministro.

Artículo 43. Estará a cargo del Ministro:

1. Formar la planta de la Secretaría que con acuerdo del jefe presentará al Congreso;

2. Autorizar las órdenes, decretos y despachos del mismo jefe;

3. Comunicarlos a las primeras autoridades del Estado y dar cuenta con sus contestaciones;

4. Entablar las relaciones y comunicaciones que determinare el Jefe supremo en los otros Estados de la República.

Artículo 44. El Ministro será responsable por la autorización de órdenes y decretos que se desviaren de la ley.

Artículo 45. El Jefe Supremo no podrá remover al Ministro sin previa formación de causa, pero podrá suspenderlo.

Capítulo VII. Del Poder Judicial

Artículo 46. El Poder Judicial es independiente de los otros dos: a él solo pertenece la aplicación de las leyes en las causas civiles y criminales.

Artículo 47. Habrá una Corte Superior de Justicia compuesta de cinco Jueces a lo más, y tres a lo menos elegidos popularmente.

Artículo 48. A los dos años se renovarán los dos últimos Jueces y los otros tres a los seis años sin embargo de que unos mismos podrán ser siempre reelegidos.

Artículo 49. No se necesita en todos los Jueces la calidad de ser letrados para este destino, pero sí la de ser ciudadano mayor de veinticinco años, y que merezca el concepto público de integridad y hombría de bien.

Artículo 50. La Corte Superior será el tribunal de última instancia y conocerá en los recursos de nulidad.

Artículo 51. Juzgará en las causas de los primeros funcionarios del Estado cuando hubiere declarado el Consejo que ha lugar a su formación.

Artículo 52. La Corte Superior de Justicia uno o algunos de sus individuos y los Jueces inferiores son responsables por la infracción de las leyes que arreglan los procesos en lo civil y criminal.

Artículo 53. Por acción popular podrá intentarse la deposición de los Jueces Magistrados notados de cohecho, soborno o prevaricación.

Artículo 54. La Corte Superior podrá oír las dudas sobre inteligencia de la ley que se susciten en los tribunales y juzgados inferiores para consultarla con su informe al Congreso y en los recesos de éste al Consejo.

Artículo 55. La misma Corte de Justicia, conocerá en las causas de residencia de los empleados públicos, y examinará las listas de todas las causas civiles y criminales pendientes en su tribunal y en los otros inferiores del Estado, haciéndolas publicar por medio de la prensa.

Capítulo VIII. De la Administración de Justicia civil en los departamentos

Artículo 56. Una ley arreglará los tribunales y Jueces de los departamentos, partidos y pueblos, así como sus facultades y subalternos.

Artículo 57. En los pueblos de cada departamento se administrará la justicia por los Alcaldes con los límites y en el modo que disponga la ley.

Artículo 58. A ninguno podrá privarse del derecho de terminar sus diferencias por Jueces árbitros que nombren las partes, cuya sentencia, si no hubiese reservado en el compromiso el derecho de apelar, será ejecutada.

Artículo 59. Los Alcaldes de los pueblos serán los Jueces únicos en las demandas verbales en asuntos civiles y por injurias.

Artículo 60. Cada Alcalde oirá demanda acompañado de hombres buenos nombrados uno por cada parte, y enterado en las razones en que respectivamente se apoyen las partes. Oído el dictamen de los dos hombres buenos, proveerá en la demanda lo que crea conveniente y oportuno para conciliar a las partes.

Artículo 61. Sin que haya precedido juicio conciliatorio no se podrá entablar pleito alguno.

Capítulo IX. Del crimen

Artículo 62. Ningún Salvadoreño podrá ser preso sin precedente sumario del hecho por el cual deba ser castigado; y sin previo mandamiento del Juez por escrito que ordene la prisión.

Artículo 63. Intimada la expresada orden, deberá ser cumplida por que su desobediencia se tendrá por grave delito.

Artículo 64. Cuando hubiere resistencia a la expresada orden, o se temiere la fuga, podrá usarse de la fuerza para asegurar la persona.

Artículo 65. Todo delincuente en el acto de cometer el delito puede ser arrestado por cualquiera persona y entregado al Juez.

Artículo 66. La casa de todo ciudadano y sus libros y correspondencia serán un sagrario, y no podrán registrarse sino como ordene la ley.

Artículo 67. Sobre acusaciones, denuncias secretas o delaciones, la ley proveerá la conducta que debe observar el Juez.

Artículo 68. En ninguna causa por grave que sea habrá confiscación de bienes, sino es cuando haya responsabilidad pecuniaria, y en la cantidad a que pueda extenderse.

Capítulo X. Del Gobierno interior de los departamentos

Artículo 69. En cada uno habrá un Jefe Político Intendente nombrado por el Jefe Supremo, a cuyo cargo estará el gobierno político y de Hacienda del departamento, como dispondrá la ley.

Artículo 70. La duración de estos Magistrados será de cuatro años, y no podrán ser continuados ni promovidos a otro destino sin haber dado cuenta al Jefe Supremo de su buena administración.

Artículo 71. Los distritos o partidos de cada departamento estarán por ahora respectivamente al cargo del primer Alcalde del lugar cabecera del distrito, cuyas atribuciones desempeñará con subordinación al Jefe e Intendente serán las que designe la ley.

Artículo 72. El Jefe e Intendente desempeñará iguales atribuciones en el distrito de su residencia.

Artículo 73. Continuarán las municipalidades en todos los pueblos que tengan de quinientas almas arriba, y el Congreso arreglará el número de individuos, sus atribuciones, la forma de elecciones que siempre será popular; y todo lo que conduzca a su mejor administración.

Capítulo XI. De la Hacienda pública

Artículo 74. La Hacienda Pública del Estado consiste en las tierras baldías, y en el producto de las contribuciones que decrete el Congreso, ya sean directas o indirectas. Las primeras serán con proporción a las facultades de los contribuyentes y sin excepción ni privilegio alguno.

Artículo 75. No habrá aduanas ni estanco alguno en el Estado; y esta disposición se pondrá en práctica tan luego como estén las contribuciones que cubran el déficit de aquéllas.

Artículo 76. La cuenta de la Tesorería General se comprenderá el producido anual de todas las contribuciones y rentas, y su inversión se imprimirá y circulará por todos los departamentos, distritos y pueblos.

Artículo 77. Del mismo modo se harán publicar las respectivas cuentas de ingresos y egresos de caudales de cada departamento.

Capítulo XII. De la Observancia de las Leyes, interpretación y reforma de esta Constitución

Artículo 78. Todo empleado civil, militar o eclesiástico al tomar posesión de su destino prestará juramento de guardar la Constitución del Estado y desempeñar debidamente su cargo.

Artículo 79. Todo salvadoreño puede representar al Congreso, al jefe supremo y al Consejo para reclamar la observancia de la Constitución.

Artículo 80. Hasta pasados dos años podrá el Congreso reformar o alterar uno u otro **Artículo** de la Constitución del Estado, pero nunca podrá alterarse los dos **Artículos** primeros y el cuarto del capítulo I y el **Artículo** 12 del capítulo III.

Artículo 81. Las leyes que hasta aquí han regido en todas las materias continuarán en su fuerza y vigor, menos las que directa o indirectamente se opongan a la Constitución federal y del Estado, y a los decretos y leyes que expidiere el Congreso.

Artículo 82. A los ocho años cuando la práctica y más conocimientos hayan descubierto los inconvenientes o ventajas de la presente Constitución, podrá convocarse un congreso constituyente para que examinada su totalidad pueda reformarla.

Dada en San Salvador a 12 de junio de 1824. Manuel Romero diputado por Sonsonate, Presidente. Sixto Pineda, diputado por San Miguel, Vicepresidente. Hermenegildo Gutiérrez, diputado por Gotera. Mariano Fagoaga, diputado por Sonsonate. Miguel José Castro, diputado por Zacatecoluca. Joaquín de S. Martín, diputado por Texutla y Chalatenango. Pablo María Sagastume, diputado por Sonsonate. Benito González Martínez, diputado por Chalatenango. Bonifacio Paniagua, diputado por Santa Ana. Vicente Chávez, diputado por Cojutepeque. Ramón Meléndez, diputado por S. Salvador. José Manuel Guillén, diputado por Metapán. Atanacio Flores, diputado por S. Vicente. Mateo Ibarra, diputado por S. Salvador. Carlos Antonio Meany, diputado suplente por San Miguel. José Mariano Calderón, diputado por San Salvador. José Damián Villacorta, diputado por S. Salvador, Secretario. León Quinteros, diputado por S. Vicente, Secretario.

El Jefe del Estado hará imprimir, publicar, reconocer y jurar solemnemente en todo el Estado la presente Constitución. San Salvador, junio 12 de 1824. Manuel Romero, Presidente. José Damián Villacorta, diputado Secretario. León Quinteros, diputado Secretario. Al ciudadano Secretario del Estado.

Por tanto, mando a todos sus habitantes de cualquier clase y condición que sean que hayan y guarden la Constitución inserta, como ley fundamental del Estado; y mando asimismo a todos los tribunales, justicias, jefes y demás autoridades civiles, militares y eclesiásticas, de cualquier clase y dignidad, que guarden y hagan guardar, cumplir y ejecutar la misma Constitución en todas sus partes. Lo tendrá entendido el Secretario del despacho y dispondrá lo necesario a su cumplimiento, haciéndola imprimir, jurar, publicar y circular. San Salvador, 12 de junio de 1824. Juan Manuel Rodríguez. Al ciudadano Alexandro Escalante.

Y lo comunico a usted para su inteligencia y efectos consiguientes, acompañándole competente número de ejemplares.

San Salvador, 12 de junio de 1824.
Alexandro Escalante

Libros a la carta

A la carta es un servicio especializado para
empresas,
librerías,
bibliotecas,
editoriales
y centros de enseñanza;
y permite confeccionar libros que, por su formato y concepción, sirven a los propósitos más específicos de estas instituciones.

Las empresas nos encargan ediciones personalizadas para marketing editorial o para regalos institucionales. Y los interesados solicitan, a título personal, ediciones antiguas, o no disponibles en el mercado; y las acompañan con notas y comentarios críticos.

Las ediciones tienen como apoyo un libro de estilo con todo tipo de referencias sobre los criterios de tratamiento tipográfico aplicados a nuestros libros que puede ser consultado en Linkgua-ediciones.com.

Linkgua edita por encargo diferentes versiones de una misma obra con distintos tratamientos ortotipográficos (actualizaciones de carácter divulgativo de un clásico, o versiones estrictamente fieles a la edición original de referencia).

Este servicio de ediciones a la carta le permitirá, si usted se dedica a la enseñanza, tener una forma de hacer pública su interpretación de un texto y, sobre una versión digitalizada «base», usted podrá introducir interpretaciones del texto fuente. Es un tópico que los profesores denuncien en clase los desmanes de una edición, o vayan comentando errores de interpretación de un texto y esta es una solución útil a esa necesidad del mundo académico.

Asimismo publicamos de manera sistemática, en un mismo catálogo, tesis doctorales y actas de congresos académicos, que son distribuidas a través de nuestra Web.

El servicio de «libros a la carta» funciona de dos formas.

1. Tenemos un fondo de libros digitalizados que usted puede personalizar en tiradas de al menos cinco ejemplares. Estas personalizaciones pueden ser de todo tipo: añadir notas de clase para uso de un grupo de estudiantes, introducir logos corporativos para uso con fines de marketing empresarial, etc. etc.

2. Buscamos libros descatalogados de otras editoriales y los reeditamos en tiradas cortas a petición de un cliente.

www.ingramcontent.com/pod-product-compliance
Lightning Source LLC
Chambersburg PA
CBHW022057190326
41520CB00008B/792